给3岁孩子的故事

禹田文化 / 编

海豚出版社
DOLPHIN BOOKS
中国国际传播集团

前 言

　　3 岁是孩子行为规范和性格养成的重要时期，这个年龄的孩子时常会出现没有耐心、爱发脾气、不懂与人分享、自我控制力差等问题。而很多家长又没有引导孩子的方法，不能有效地帮助孩子改正。

　　《给 3 岁孩子的故事》就针对孩子普遍存在的问题，用有趣易懂的故事引起孩子的注意，让孩子看故事时，跟着小主人公一起改正缺点，共同成长。

　　希望父母不仅能够与孩子共同阅读，通

过讲故事的方式陪伴孩子成长，更要在日常生活中效仿故事里的老师、家长使用的智慧方法，巧妙地帮助孩子发现问题、解决问题。家长只有站在孩子的角度去思考，尊重孩子，倾听孩子，并和他们一起讨论，给他们鼓励加油，孩子才能获得更多积极的力量，让每一天的成长都将是一次小小的进步！

目录

给3岁孩子的故事

我会表达

幼儿园一年一度的新年联欢会马上就要开始了。

小朋友们围坐在一起，热烈地讨论着关于表演节目的事情。

"我来变魔术吧！"刺猬天天说着就拿起一只气球，放到自己背上，"砰"的一声，气球爆掉了，"瞧，我把气球变没了！神奇吧！"

“这算什么魔术呀！还是我来唱歌吧！”松鼠妙妙说。

“去年联欢会上，你已经表演过独唱了，再想一个新节目吧！”兔子美美建议说。

“对！我们想个新节目！”小狗奇奇说。

“最好是我们每个人都能参加的！”小猫朵朵补充道。

大家热烈地讨论着新年联欢会表演节目的事情，只有小羊绵绵安静地坐在一边。

小小老师看了一眼安静的绵绵，突然想到了一个好主意，她说："小朋友们，这次联欢会，我们表演合唱吧！"

　　"新节目，我赞同。"小熊点点高兴地挥着手，"可是，小小老师，什么是合唱啊？"

　　"绵绵，你爸爸是音乐老师，你给大家解释一下什么是合唱吧。"小小老师微笑地看着绵绵。

　　"啊……啊……啊……"突然被老师叫到的绵绵满脸通红，不知道怎么回答才好。

　　"我知道！合唱就是大家一起来唱歌！"天天抢着帮绵绵回答。

"这个主意好，我们每个人都能上台表演节目啦！"朵朵开心地说。

小朋友们都觉得这是个好主意。

007

小小老师为大家挑选了一首曲调优美，又非常适合合唱的歌曲——《雪绒花》。

为了能在新年联欢会上表演成功，小朋友们早早就开始练习了。

大家在小小老师的指挥下，一起放声歌唱！

雪绒花

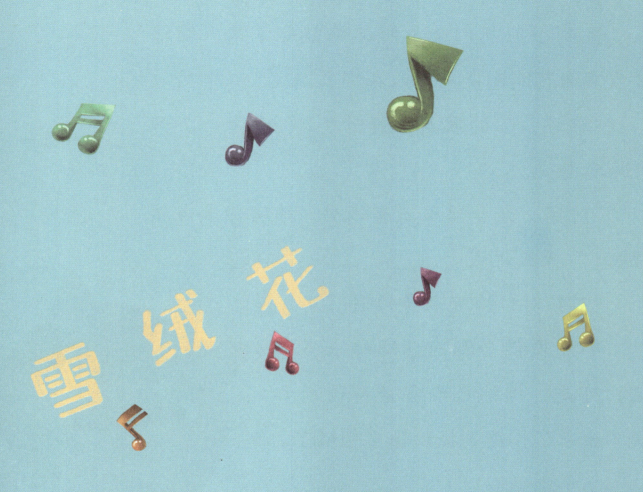

雪绒花

突然，小小老师停止了指挥，小朋友们也跟着停了下来，只有绵绵还在投入地唱着，她的歌声悠扬动听，传遍了整个教室，小朋友们都被吸引住了。

直到小朋友们全都给绵绵鼓起掌来，绵绵才发现自己刚刚是一个人在唱歌。

　　"绵绵，你的歌声太好听了！"奇奇一个劲儿地称赞她。

　　"对了，大合唱里还有领唱，绵绵你来当领唱吧！"天天说道。

　　"对！对！绵绵来当领唱！"

　　小朋友们全都同意绵绵来当领唱。可是，绵绵已经害羞得连话都说不出来了，更别提让她当领唱了。

"绵绵，别害羞，我来教你一个好办法，让你能大声地唱出来！"美美帮忙出主意，"你就像刚才那样，闭上眼睛唱吧！"

"对呀！对呀！这个办法好！快试试！"大家都赞同。

但是绵绵把眼睛闭上后，嘴巴也闭得紧紧的，怎么也张不开。

"看来这个办法不行！"小鸡达达有了个新主意，"绵绵，你就想象这里没有别人，只有你自己！"

绵绵点了点头，试着慢慢张开嘴巴，
结果从嗓子里发出了颤抖的声音："雪……
雪……雪……"

晚上回到家，绵绵就把这件事告诉了妈妈。

"是因为当领唱太紧张了吗？"妈妈关切地问。

绵绵摇摇头说："我也不知道，就是不想让别人看到我，而且一想到他们会说我唱得不好听，我就很紧张！"

"噢，原来是这样啊！别担心，快去睡觉吧。妈妈明天送你一件秘密武器。"妈妈非常自信地说，"非常管用哟！"

　　第二天一早，妈妈交给绵绵一张光盘，让她交给小小老师。

　　"妈妈，这就是你说的秘密武器吗？"

　　"对！你唱歌的时候会用到的。我再教你一句咒语，当你害羞、紧张的时候，就在心里默念：'我是最棒的，大家都喜欢我。'妈妈试过，很管用的！"

听了妈妈的话，绵绵带着这张光盘高高兴兴地去幼儿园了。

一见到小小老师，绵绵就把光盘交给了她。

下午，在练习合唱前，小小老师先用音响播放了一个小朋友唱的歌，真好听啊！大家全都听得入了迷。

"这不是我的声音吗？为什么会在这里听到？好害羞！"绵绵想。

"老师，这是谁唱的呀？好听极了！"

"真好听！不过我怎么听这声音这么耳熟呢？"

"哈哈！因为唱歌的人是位有名的小歌星啊！开联欢会的时候，我会把她介绍给你们！"小小老师笑着说。

"真的吗？太好啦！"小朋友们全都欢呼起来。

"原来大家这么喜欢我的歌声啊，老师还说我是小歌星。"绵绵心里美滋滋的，好像也不那么紧张了。

这天下午，又到了练习合唱的时间。

神秘小歌星的歌声再次被老师放了出来。

"咦，我怎么觉得虽然小歌星唱得很好听，但是好像没有绵绵唱得好呀！"天天边说边对美美眨眼睛。

"对！我也觉得没绵绵唱得好！小歌星甚至还有几句歌词没背熟！"达达认真地评论着。

"那让我们听听绵绵的歌声吧！今天的练习开始了。"小小老师笑眯眯地说。

听到大家表扬自己，绵绵充满了信心。她抬起头，再次默念了一遍咒语，然后高声唱了起来。

029

030

联欢会前最后一次练习的时候，小小老师没有再放神秘小歌星的歌。

"小小老师，今天怎么不放小歌星的歌了？"达达提醒小小老师，"我们明天是不是就能见到那位神秘小歌星了呀？"

"哎呀，达达，你还没有猜出来？小歌星就是绵绵啊！"美美说完，大家都笑了起来。

给3岁
孩子的故事

我有耐心

奇奇是个外向、开朗的男孩。

他很喜欢——唉，或许有点儿太喜欢——说话了。

"我的名字叫奇奇，今年四岁半，我是全世界最帅的男生……

"我最喜欢恐龙，也喜欢汽车，我家有好多好多的玩具汽车，但我最喜欢的还是恐龙……"

"妈妈做的米饭真好吃!
蒸米饭其实很简单,
上次妈妈不在家,
我把米洗干净,
然后……"

他可以一直说,一直说……
从早到晚说个不停。

"我最喜欢泡澡了，
水温一定要保持在 39 摄氏度才舒服。
爸爸，你要不要也来试试……"

奇奇的妈妈很烦恼。

一天，她趁奇奇不在家，给小小老师打了一个电话。

这事就拜托您了！

"小朋友们，这个星期我们来玩贴纸游戏吧！"课堂上，小小老师宣布道，"我发给每人一张贴纸，如果

你想让谁安静一下，就把贴纸贴到他的身上。被贴到的小朋友，放学以后才可以把贴纸摘下来。时间一直持续到星期五放学，老师会每天奖励身上没有贴纸的小朋友一张'大嘴巴贴纸'！"

"大嘴巴贴纸是什么样子的呢？"

大家好想看看呀！

"我知道我知道!"小小老师还没说话，奇奇又像以前一样抢着说了。

啪!美美给奇奇贴了一张贴纸。

"哈哈，看来游戏已经开始了!"小小老师笑着说。

"妈妈给我带了好多吃的，有肉丸子、豌豆……我最不爱吃豌豆了……"

啪！吃饭的时候，奇奇又被贴了一张贴纸。

"嘿，你们在说什么呀？"

啪！啪！朵朵和美美在聊天时，奇奇总是插嘴，他又被贴了两张贴纸。

046

啪！啪！啪！啪！

第一天的游戏结束了。

身上贴纸最多的就是奇奇。

"怎样才能不被贴贴纸呢？"奇奇郁闷地想。

他向没被贴过贴纸的绵绵请教。

绵绵的办法是：尽量不说话。

可是……奇奇根本做不到啊……

他又去问多多，多多的办法是：如果谁想给你贴贴纸，你就送给他一颗糖。

奇奇照办了。结果这一天，他还是被贴了好几张贴纸。

连续三天，奇奇的身上都被贴满了贴纸！

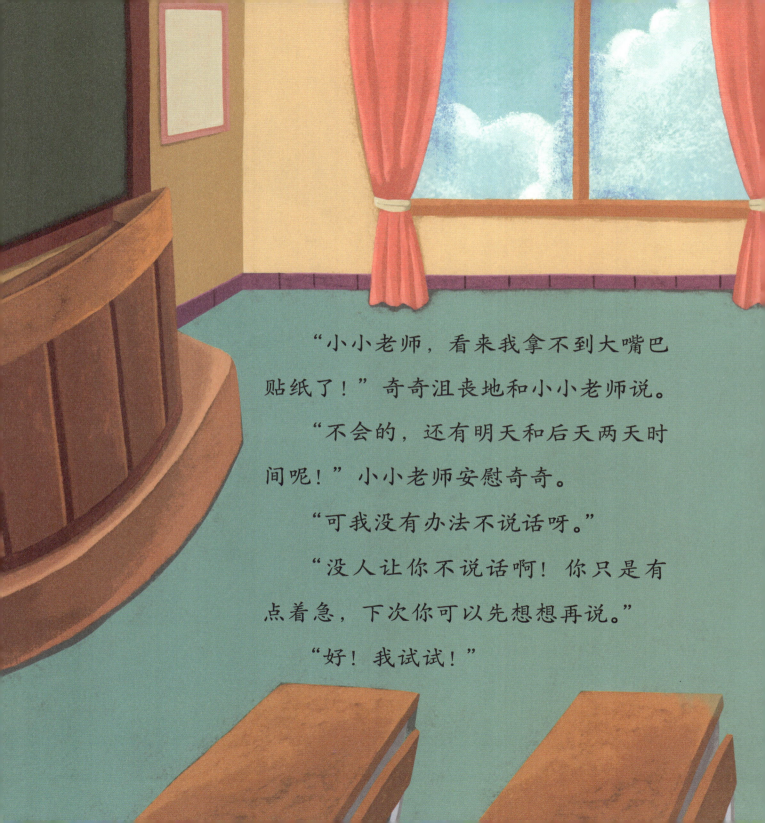

"小小老师，看来我拿不到大嘴巴贴纸了！"奇奇沮丧地和小小老师说。

"不会的，还有明天和后天两天时间呢！"小小老师安慰奇奇。

"可我没有办法不说话呀。"

"没人让你不说话啊！你只是有点着急，下次你可以先想想再说。"

"好！我试试！"

星期四，奇奇开始尝试这个新方法。

天天在讲笑话的时候，他认真地听着。

他这才发现，原来天天讲笑话这么好笑！

上课的时候，小小老师讲了一个奇奇听过的故事。

这次他没有抢着说，而是认真地听小小老师把故事讲完。呀，原来之前有好几个情节他都漏听了。

就这样，等到晚上放学的时候，奇奇的身上竟然只有一张贴纸。

星期五到了。

"今天一定不能出错啊！不能被贴到一张贴纸，这样就能得到大嘴巴贴纸了！"奇奇想。

于是，他一直忍着尽量不说话。

这一天过得好慢啊！

不 能 说

　　终于到了下午，奇奇的身上还没有一张贴纸呢。

　　这时候，他突然发现旁边的美美脸色苍白，还流了很多汗。奇奇刚想要告诉小小老师，却忍住了：天天正在给大家讲故事，如果说话，恐怕又要被贴上贴纸啦！

　　可是……美美好像很不舒服呀！她的汗越流越多，而且似乎连说话的力气都没有了。

哈哈园长急忙送美美去了医院。幸亏奇奇发现得及时，原来美美得了急性阑尾炎！

送走美美，奇奇向大家道歉："对不起大家！天天，我又打断你讲故事了！你给我贴上贴纸吧！"

"我为什么要给你贴贴纸呀？要不是你，美美就危险了呢！"

"天天说得对！"小小老师拿出一张非常漂亮的大嘴巴贴纸，贴到了奇奇的胸前。

给3岁孩子的故事

我不生气

达达特别爱发脾气。

一大早，"喔喔喔——

我讨厌麦片。"

午睡的时候，"喔喔喔——你为什么吵醒我！"

因为爱发脾气，大家几乎都忘了达达是个喜欢帮助别人的好孩子。

大家都离他远远的。

“他们都不愿意跟我玩。”达达伤心地对帅帅老师说。

“那你知道是什么原因吗？”

达达有点儿不好意思地说：“可能……是因为我经常发脾气吧。”

　　帅帅老师听了达达的话，笑着说："哈哈，真巧，我小时候也像你一样爱发脾气呢。"

　　"真的吗？你的朋友也不理你了吗？"

　　"是啊，坏脾气可是很容易吓跑朋友的，我送你一个特别管用的东西！"说着，帅帅老师神秘地从他的抽屉里拿出一个小包，"就是这个神奇的魔法口袋！"

"当你想要发脾气的时候，只要把想说的话讲给魔法口袋听就好了，记得说完一定要紧紧地系住口袋，不然，坏脾气会跑出来哟！"

"就这样？"

"就这样！"

达达半信半疑地背着魔法口袋回家了。

晚上睡觉的时候，妈妈给达达穿了一件黑衣服。达达最讨厌黑色了。于是他打开魔法口袋，冲着里面喊："喔喔喔——我讨厌黑色！"

神奇的事情发生了。

妈妈拿来一件绿色的衣服，让达达换上。

达达心想：哇，魔法口袋真神奇！

第二天，玩跳绳时，绳子不小心打到了达达。达达很生气，他打开魔法口袋，把这件事情说了出来。

真奇妙！达达说完感觉舒服多了！

自从有了魔法口袋，达达很少对
别人发脾气了。

一天，美术课上，达达怎么也画不好，于是就冲着魔法口袋说："喔喔喔——我怎么都画不好！真让人着急！"

刚说完，美美就热心地跑来教达达。

"谢谢！你怎么知道我画不好？"达达好奇地问。

美美说："因为我听到你对你的包说的话啦。"

"你是说我的魔法口袋吗？"达达问。

"魔法口袋？"

小朋友们听到达达的话后，对他的魔法口袋非常感兴趣，全都围了过来。

"这……这是一个神奇的魔法口袋。"看大家这么好奇，达达就把自己和魔法口袋之间的事都讲了出来。

"最神奇的是，每当跟魔法口袋说完话，我就不想再发脾气了。"

"啊！魔法口袋好棒呀！"

大家都抢着要背一背魔法口袋，结果……

"刺啦"一声，魔法口袋被扯坏了。

"对不起，达达！"天天抱歉地说。

"没关系，你们又不是故意的。"达达说，"可是……"

"可是怎么了？"帅帅老师关心地问。

"没有了魔法口袋，我又会乱发脾气了。"

"可是你看，这次你并没有乱发脾气呀！"帅帅老师笑着说。

"对呀！这是为什么呢？"达达陷入了沉思。

后来，达达想通了：不能随意对别人发脾气，要学会控制情绪，这样，大家才愿意和自己做朋友。现在，达达只要想发脾气就会想起魔法口袋。一想起魔法口袋他就不生气了。

给3岁孩子的故事

我不自私

今天是小猫朵朵的生日。一大早，她就收到了一份漂亮的生日礼物！

"好精美的礼盒啊，里面装了什么呢？"

朵朵一秒也等不了了，她立刻打开了礼盒。

"哇！是一个漂亮的娃娃！"原来是外婆寄来的。

还有一封信呢。信上写着：

亲爱的朵朵：

生日快乐！这是我给你的生日礼物，喜欢吗？

最近，外婆有一件事情想请你帮忙，你知道快乐的秘密是什么吗？如果你知道，记得写信告诉我哟！

爱你的外婆

朵朵非常喜欢外婆，也喜欢她送的娃娃。

她给娃娃取了一个好听的名字，叫妞妞。

她们一起吃饭，一起玩耍，一起洗澡，一起睡觉……

"这样就很快乐呀，哪有什么秘密。"朵朵边洗澡边想着外婆的问题。

103

　　星期天，朵朵在公园里遇到了美美。美美也带了一个娃娃。

　　"你的娃娃真漂亮！"朵朵看着美美怀里的娃娃，伸出小手说，"它叫什么名字？我能抱抱它吗？"

　　"可以呀！它叫兰兰。"美美说着便把自己的娃娃递给朵朵。

"我也想抱一抱你的娃娃！"美美刚伸出手，朵朵就拦住了她："不可以，这是我外婆送给我的生日礼物！"

　　"真小气！"美美生气了，她带着自己
的娃娃离开了公园。

　　"这是我的妞妞！"朵朵嘟着小嘴说。

星期一，朵朵带着妞妞去幼儿园。

小朋友们看见了都想抱一抱。

"不可以，这是我外婆送给我的生日礼物！"朵朵大声说。

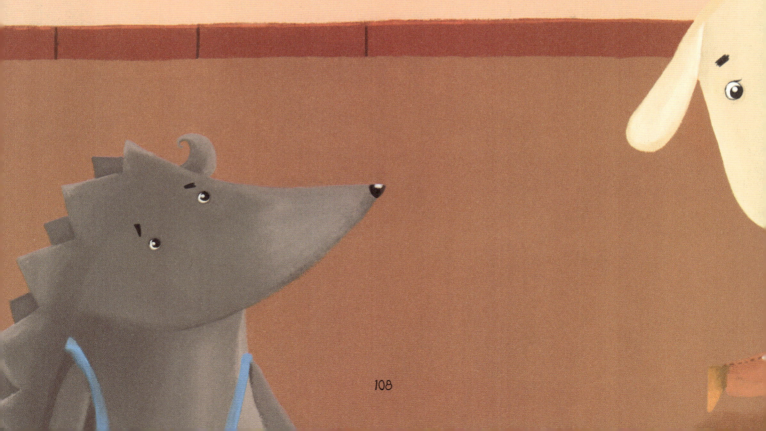

"朵朵，你的娃娃借我们用用吧！"
奇奇正在和妙妙玩医生游戏，"帮帮忙，
我们少了一个'病人'。"

朵朵连忙摇头说："不行不行！这是
我的妞妞，你会把它弄坏的！"

再也没有小朋友来找朵朵借妞妞玩了。

朵朵自己抱着妞妞坐在幼儿园里的秋千上荡啊荡。

可是，没过多久，她就觉得有点儿孤单了。

　　第二天，美美也把自己的娃娃带到了幼儿园。小朋友们都想抱抱她的娃娃。

　　"当然可以抱，不过在抱之前我要跟大家介绍一下，它的名字叫兰兰。"美美大方地把她的娃娃介绍给了小朋友们。

"哈哈！太好啦，这下我们有'病人'啦！"奇奇高兴地说。

　　美美向奇奇鞠了一躬说："大医生，拜托你啦，一定要好好地给兰兰检查呀！"

"一定一定！"奇奇已经迫不及待地开始听诊了。

教室里真热闹，可是朵朵却觉得很孤单。

120

晚上回到家，妈妈问朵朵："宝贝，你今天快乐吗？"

朵朵摇摇头。这时候，她突然想到了外婆的信。对了，快乐是有秘密的！

"妈妈，你知道快乐的秘密是什么吗？快告诉我！"

"这个秘密需要你自己去发现，不过我建议你去观察一下快乐的人为什么快乐。"妈妈笑着说。

又过了一天，朵朵看到好多小朋友把自己的玩具带到了幼儿园。

天天带来了他最心爱的霸王龙，淘淘带来了他最喜欢的汽车模型，妙妙带来了她最爱玩的女巫手偶……

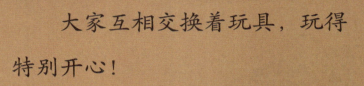

大家互相交换着玩具，玩得
特别开心！

站在一旁的朵朵觉得自己孤
单极了。

　　朵朵鼓起勇气问美美："美美，你不怕大家玩坏你的娃娃吗？"

　　"怕呀！可是你看，大家一起玩才更有意思呀！"

　　朵朵看着幼儿园里一张张快乐的笑脸，突然明白：原来这就是快乐的秘密呀！

朵朵想通了。她不再把妞妞藏起来，而是大方地借给大家玩。小朋友们轮流抱着妞妞，让它当模特，请它当病人……

不止是朵朵，就连妞妞好像也比以前更快乐了！

"亲爱的外婆，我找到快乐的秘密了！"朵朵开心地想。

给3岁孩子的故事

我懂礼貌

妙妙天生一副好嗓子，她唱起歌来，美妙动听。

可是，她很少用自己的好嗓子说"你好""谢谢""对不起"这些话。

"妙妙，到了幼儿园可要记得跟老师和同学打招呼啊。"上学的路上，妈妈一边走一边叮嘱着。

"好烦啊。"妙妙心里想。

  一到幼儿园门口，妙妙就松开妈妈的手，朝教室跑去。

  别说和老师、同学打招呼了，她连一句"再见"都没和妈妈说。

妙妙跑得太快了，不小心撞倒了美美。结果，她一句话也没说就跑远了。

"妙妙，你应该向我说对不起！"美美坐在地上边哭边说。

135

妙妙最喜欢的音乐课开始了。

小小老师让美美领唱。美美小声唱了起来。

"这唱的是什么呀，声音比蚊子还小呢。"妙妙心想。

妙妙想唱个更好听的歌，可是，"咳咳咳……"嗓子有点儿不舒服。

　　讲故事的时间到了，今天由天天来和大家分享《小魔怪》的故事。

　　"不是我吓唬人，这事儿真的会发生！"天天神秘兮兮地说。

"从前有个小朋友，很不讲礼貌！有一天，小魔怪来到了他的家，对他说：'我喜欢一切不讲礼貌的小朋友，我有个办法，保证再也没有人说你不讲礼貌了……'"

大家都全神贯注地听着故事，只有妙妙不以为意。

"这个故事一点儿也不好听！比我讲的差远了！"她又在一旁生起了闷气。

139

　　小小老师注意到了妙妙的
变化，等天天的故事一讲完，她就请妙妙也讲一
个故事给大家听。

　　可是，妙妙正要开始讲故事的时候，一件奇
怪的事情发生了。

　　她突然一句话也说不出来了！

妙妙的妈妈收到消息后，很快赶了过来。
她先摸了摸妙妙的额头，又仔细检查了妙妙的
口腔，接着就把妙妙接回了家。

"妈妈为什么不带我去医院呢？"妙妙心想，
她紧张地拽了拽妈妈的衣角。

"别担心，宝贝，多喝些水就会好的！"

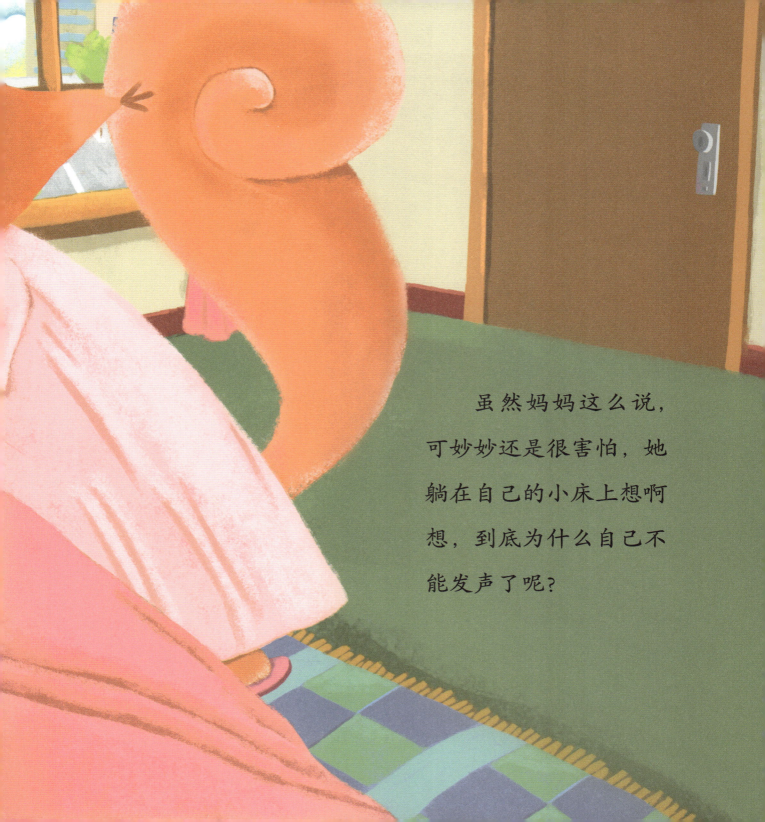

虽然妈妈这么说，可妙妙还是很害怕，她躺在自己的小床上想啊想，到底为什么自己不能发声了呢？

　　"哈哈！别想啦！你以后恐怕都不能发声啦！"一个可怕的小怪物不知道从哪里飞了过来。

　　"你……你是谁？"妙妙想喊，却喊不出来，只能在心里问。

　　"我？我是你的好朋友小魔怪呀！"这个小怪物好像能听到她心里的话一样。

　　"你是故事里的小魔怪吗？我才不跟你做朋友呢！我妈妈是医生，她说我马上就会好！"妙妙在心里说。

　　"哈哈，你明天试试就知道啦！"说完，小魔怪就飞走了。

果然，到了第二天，妙妙还是不能说话。

"你就那么喜欢说话吗？"小魔怪又出现了。

"当然了！老师和小伙伴们都说我的声音特别好听！我可以唱好听的歌，讲好玩的故事。"

"那有什么好玩的，还是不会说话最好。不会说话也就没有人怪你不讲礼貌了！"

147

"不对不对！"妙妙哭着跑出了家，她要去幼儿园找她的朋友们。

可是，朋友们怎么都不理她呢？"淘淘！美美！朵朵！"妙妙在心里大叫他们的名字，可是他们都听不见。

149

"你看，他们都不理你，你还是跟我做朋友吧，我最喜欢不讲礼貌的小朋友啦。"小魔怪嘿嘿地笑着。

"妙妙不会说话啦！妙妙不讲礼貌，做了小魔怪的朋友啦！"天天和几个男孩在一旁笑个不停。

妙妙心里又难过又害怕，终于忍不住大哭了起来。

“妙妙！吃饭啦！”是妈妈的声音。

“妈妈，妈妈！”妙妙大喊着坐起来。原来，刚刚只是一场梦，她的嗓子休息一下就又能说话了。

妙妙下定决心，绝不和小魔怪交朋友！

早上，妙妙像往常一样来到幼儿园。看见小小老师，妙妙小声地说了一句："老师！早上好！"

小小老师听了非常高兴："妙妙，早上好呀！"

　　"美美，那天撞到你了，对
不起。"她对美美说。
　　"哈哈，没关系！"美美笑
着原谅了妙妙。

"妙妙，你怎么变得这么讲礼貌了？"朵朵好奇地问。

"啊……这是一个秘密。"妙妙红着脸说，"不过我保证，我以后都会讲礼貌了。"

从此，大家不仅喜欢听妙妙唱歌、
讲故事，还更喜欢跟她做朋友。

给3岁 孩子的故事

我不任性

162

多多和点点是一对双胞胎。

多多是哥哥，点点是弟弟。

他们在一起的时候，多多很喜欢说：

"必须听我的！"

在幼儿园里，多多也喜欢说这句话。

"必须听我的！这块三角形的积木一定要搭在这里，积木大楼才不会倒！"

一天，哈哈园长组织大家去郊游。

大家快乐地一个个上车。

166

大家坐稳后。

"嘀嘀！"大巴车出发了，朝着大家期盼已久的郊外开去！

春天的郊外，弥漫着青草的芳香。

老师们忙着为大家准备丰盛的午餐。

小朋友们分成两队做游戏。

在征得老师的同意后，天天带着
一队小朋友去左边探险，多多带着一
队小朋友去右边探险。

他们约好一会儿一起回到原地。

走着走着，多多突然停下了脚步。

"这里很危险，大家必须听我的！"多多说着，从背包里拿出了几根长长的绳子。

"每人抓一根！这样我们就不会走散。"

171

多多拉着绳子走在最前面。
他走得好快啊！

突然，他不小心手一紧，
结果跟在他后面的小朋友全都
摔倒了。

大家生气地爬起来，继续向前走。
不知不觉，走了好远。

"多多，我好渴呀！"淘淘说。

"现在没有水，你必须听
我的，忍住！"

又走了一会儿，多多看
到了一条小溪，说："那边
不是水吗？现在必须听我
的，快去喝吧。"

175

淘淘立刻跑过去，大口大口地喝起来。可是，没过一会儿，他的肚子就疼了。

"肚子疼？是不是饿啦？"这时候，多多发现前面的树上长满了红色的果子。他对淘淘说："你必须得吃点儿果子！"

"必须！必须！凭什么必须听你的？你说的都不对！"达达生气了。

"必须听我的！"多多吼了起来。

"别吵了！我们还是回去吧！"朵朵劝大家。

"我们好像迷路了……"美美看着周围陌生的环境，大声哭了起来。

　　"别哭，别哭！"朵朵安慰着美美。突然，她想到了一个好办法："我们可以看太阳辨方向啊！"

　　"对呀！"多多拍了拍脑门，说，"小小老师教过我们呀！现在大家必须听我的！我们要……"

　　"我们不要听你的。"达达打断了多多的话，"太阳升起的地方是东方，我们刚才一路朝东走，现在朝反方向走就好了！"

　　"好！那我们就往回走好了！"淘淘也同意。

　　于是大家一起朝着反方向走去。

可是走了好久，小朋友们还没有走出林子。

"我要找妈妈……呜……"美美又哭了起来。

"走路太费劲儿了，不如我们停下一起喊救命吧！"达达建议。

大家都同意达达的意见。

站在一旁的多多，这次什么也没说，他扯开嗓门和大家一起喊了起来。

可是，他们嗓子都快喊哑了，也没人来找他们。

"不能再喊了！再喊嗓子就哑了，请大家再听我一次，我们先分头去找一些干树枝吧。"这一次，多多没有说"必须"，而是语气平和地与大家商量。

"找干树枝做什么呢？"达达问。

"一会儿你们就知道了！"多多说。

"好吧！只能试一试了！"大家开始分头去找干树枝。

多多找了一个安全的地方，将大家找来的干树枝堆在一起，然后从书包里拿出了帅帅老师野餐用的备用火柴，把干树枝点燃了。

　　"这是做什么？我们又不冷。"达达不明白为什么多多要点燃干树枝。

　　"一会儿就会冒出烟来，帅帅老师看到烟就会来救我们的！"

　　"真的吗？"大家都不太相信。

　　"这是约定，我们耐心等待吧！"多多诚恳地说。

果然，没过多久，大
家就听到了帅帅老师和哈
哈园长的声音！

"得救了！得救了！"
大家高兴得抱成一团。

大家安全地回到了营地，淘淘吃了治拉肚子的药，感觉好多了。

　　"对不起，淘淘，都是我害的。"多多低着头向淘淘道歉。

　　"没关系啦，要不是你，我们也不能顺利回来呀！"

　　"是啊，而且以后我们再碰到走丢的情况，也可以用这个方法。"达达说。

　　"那可不行。这个方法如果掌握不好会很危险，没准会引发火灾呢。我之前可是跟帅帅老师学了很久。"多多解释说。

　　"是啊，这个方法不能随便用，外出郊游，必须得先听我的！"帅帅老师笑着说。

听到这里，大家都哈哈大笑起来！

图书在版编目（CIP）数据

给 3 岁孩子的故事 / 禹田文化编 . -- 北京 ：海豚出
版社，2024. 8（2025.10 重印）. -- ISBN 978-7-5110-7026-5

Ⅰ. G613.3

中国国家版本馆 CIP 数据核字第 2024PJ4653 号

给3岁孩子的故事

禹田文化 / 编

出 版 人：王 磊

选题策划：禹田文化 　　　　特约印制：盛 杰
责任编辑：杨文建　白 云 　　绘　　画：积木童话　猫咪饭饭
项目编辑：胡婷婷 　　　　　　封面设计：沈秋阳
美术编辑：沈秋阳 　　　　　　内文设计：王 锦　史明明
营销编辑：方丹丹 　　　　　　法律顾问：北京市君泽君律师事务所　马慧娟 刘爱珍
责任印制：于浩杰　蔡 丽

出 　　 版：海豚出版社
地 　　 址：北京市西城区百万庄大街 24 号
邮 　　 编：100037
电 　　 话：010-88356856　　010-88356858（销售）
　　　　　　010-68996147（总编室）
印 　　 刷：宝蕾元仁浩（天津）印刷有限公司
经 　　 销：全国新华书店及各大网络书店
开 　　 本：20 开（889mm×1194mm）
印 　　 张：10
字 　　 数：42 千
版 　　 次：2024 年 8 月第 1 版 2025 年 10 月第 3 次印刷
标准书号：ISBN 978-7-5110-7026-5
定 　　 价：38.00 元